ПРИНЦИП ПІТЕРА

Скажи «НІ» некомпетентності на роботі

ПРИНЦИП ПІТЕРА

Скажи «НІ» некомпетентності на роботі

написаний Gabriel Verboomen
перекладено Yaroslav Melnik

ПРИНЦИП ПІТЕРА

КЛЮЧОВА ІНФОРМАЦІЯ

- **Назва:** принцип Пітера.

- **Використання:** управління людськими ресурсами та ефективністю діяльності, розвиток людського потенціалу.

- **Чому вона успішна?** Її успіх не є визначеним, тому що він залежить від окремих осіб та організацій.

- **Ключові слова:**

  - <u>Компетентність</u>: знання і ноу-хау, необхідні для максимальної ефективності на даній посаді

  - <u>Ефективність</u> — синонім досконалості, здатність працівника виконувати певні завдання при обмежених ресурсах (час, гроші тощо).

  - <u>Ієрархія</u>: структура повноважень в організації

  - <u>Просування по службі</u>: призначення працівника на вищий рівень в організації.

ВСТУП

Розглядаючи принцип Пітера, особливо важливо усвідомлювати, що ця модель, хоча і є просвітницькою в багатьох ситуаціях, походить із сатиричної книги і, отже, повинна використовуватися з обережністю при встановленні наукових фактів. У контексті дедалі сильнішої ієрархії в організаціях постає питання про внутрішнє просування по службі. Чи повинна компетентність працівника бути домінуючим критерієм для визначення ієрархічного сходження? Як можна виміряти цей рівень компетентності? Чи обов'язково ефективний працівник є хорошим організатором?

 ## Визначення моделі

Принцип Пітера стверджує, що якщо працівник працює ефективно на даному ієрархічному рівні, то він буде просуватися на наступний рівень вище і так далі, поки не досягне рівня, на якому він є неефективним. Якщо його не можна понизити, це означає, що всі структури природним чином еволюціонують до балансу більшої неефективності.

Хоча, на перший погляд, цей принцип може здатися абсурдним, він дійсно піднімає деякі питання щодо управління людськими ресурсами. Кого слід просувати по службі на благо як окремої людини, так і компанії? І за яких умов це слід робити, щоб підвищити загальну ефективність?

ТЕОРІЯ

👁 ЛОРЕНС ДЖОНСОН ПІТЕР (КАНАДСЬКИЙ ПЕДАГОГ І ПСИХОЛОГ, 1919-1990)

Закінчивши в 1958 році Коледж штату Західний Вашингтон, Лоренс Дж. Пітер, родом з Ванкувера, швидко став викладачем, одночасно продовжуючи дослідження в галузі психології і педагогіки, в якій він отримав ступінь доктора наук в 1963 році. Потім він керував Центром Евелін Фріден і виступав радником програм, які зазнали труднощів в Університеті Південної Каліфорнії в 1966 році.

Його перша книга *«Рецептивне вчення» була* опублікована в 1965 році, але широку популярність йому принесла книга *«Принцип Пітера»* (1969), написана у співавторстві з Раймондом Халлом (канадський письменник, 1919-1985 рр.).

ГІПОТЕЗИ ПРИНЦИПУ ПІТЕРА

Принцип Пітера, як і всі економічні моделі, базується на гіпотезах, які корисно дослідити. Якщо розглядати лише найважливіші, то до них відносяться (але не обмежуючись ними):

- Ієрархічна структура компанії природно має вигляд піраміди. Цей спрощений погляд показує чітко визначені ієрархічні рівні: основними працівниками керують кілька менеджерів, якими керують ще менша кількість вищих керівників і так далі.

- Робочі позиції є жорсткими і включають в себе встановлені завдання: працівник, призначений на посаду, виконує певну кількість завдань. Якщо він не впорається з очікуваною роботою, вона просто не буде виконана. Якщо впорається — інших завдань йому не дадуть. У зв'язку з цим, однак, слід зазначити, що ці структурні описи відносяться до певного часу, і компанії в даний час є набагато більш гнучкими організаціями, які працюють, наприклад, в рамках проекту або мережі.

- Найсильнішою і найбільш суперечливою гіпотезою є те, що в книзі називається «гіпотеза Пітера». Рівень компетенції, необхідний для вищої ієрархічної позиції, абсолютно не залежить від компетенції, необхідної для ієрархічно нижчої позиції. Якщо працівник є найбільш придатним для посади і його підвищують на вищий рівень, то рівень його компетентності після такого підвищення є абсолютно непередбачуваним.

На думку Жана-Поля Делахая (французький інформатик і математик, 1952 р.н.), якщо прийняти ці спрощені припущення, то логічно припустити, що всі просування по службі мають тенденцію до зниження продуктивності працівника за рахунок двох ефектів:

- **Ефект храповика: відкат** назад неможливий, оскільки працівник не може бути понижений у посаді. Якщо він конкурентоспроможний, він продовжуватиме підніматися по кар'єрних сходах і не залишиться на посаді, де він є ефективним. Рух фактично продовжуватиметься до тих пір, поки він не досягне занадто високого рівня, на якому він більше не буде ефективним. Тоді працівник застряє на цьому рівні і не може ні понизитися, ні продовжити підйом.

- **Статистичний ефект регресії до середнього (принцип статистичного розподілу):** під час випадкової, "нормальної" події ймовірність досягнення результату, близького до середнього, вища, ніж отримання дуже високого або дуже низького результату. Таким чином, компанія, якій пощастило розраховувати на працівника, що має значно вищу за середню компетентність і вирішує змінити його посаду, знову ж таки визначає компетентність працівника з великими шансами на досягнення середнього результату.

За гіпотезами «принципу Пітера» ховається незручна істина: з часом кожна посада з усе більшою ймовірністю може бути зайнята некомпетентним співробітником, при цьому чим вище в ієрархії знаходиться посада, тим більше вона важлива для загальної ефективності роботи структури. Це не означає, що основа піраміди є менш важливою для належного функціонування бізнесу, ніж верхівка, а навпаки. Простіше кажучи, якщо ми приймемо структуру піраміди і приділимо однакову увагу кожному рівню, то посада має більше значення для загальної ефективності, якщо в межах цього рівня менше посад. Наприклад, якщо на п'ятьох працівників припадає два керівники, то індивідуальна компетенція керівника становить 50% результативності його ієрархічного рівня, тоді як індивідуальна результативність кожного працівника – лише 20%.

У гіпотезах принципу Пітера, зокрема, щодо ефекту храповика, здається зрозумілим, що «кожен працівник має тенденцію підніматися до свого рівня некомпетентності», так що природний баланс структури полягає в тому, що кожну посаду займає той, хто не може нести відповідальність за неї.

НЕКОМПЕТЕНТНІ ПРАЦІВНИКИ

Цей принцип був задуманий Лоуренсом Дж. Пітером як частина цілісної науки про організації, яку він назвав «ієрархіологією».

Він прагне забезпечити конкретне застосування і зіставляє свою модель з реальністю організацій, за якими він спостерігав. Звичайно, він відзначає винятки з цього принципу. Наприклад, не завжди найкомпетентніші отримують підвищення. Він наводить кілька випадків, коли некомпетентні працівники отримують підвищення, і пояснює чому.

- **Потужна сублімація або псевдорозвиток:** ця стратегія, яка просуває некомпетентного працівника на вищий рівень, в основному служить для підтримки надії всіх інших, які вірять, що колись вони також можуть бути підвищені. Це небезпечно тим, що є лише ілюзією для людей, які не є частиною ієрархії.

- **Бічний арабеск:** це просування некомпетентного працівника на нову, марну посаду з більш високим титулом, щоб обмежити шкоду, яку він може заподіяти на своїй нинішній посаді.

- **Реверс Пітера**: в цьому випадку просування некомпетентного працівника по службі обумовлено його відповідністю стандартам, встановленим ієрархією, а не його ефективністю. Кінцевий ефект і засоби міняються місцями, оскільки стандарти існують для підвищення продуктивності, і дотримання стандартів має таку ж цінність, як і продуктивність.

- **Ієрархічна дефоліація**: щоб працівники не відчули абсурдність системи і не вирішили не підкорятися, компанія сприяє просуванню по службі некомпетентного працівника.

ОЗНАКИ ОСТАННЬОЇ ПОЗИЦІЇ

За словами Пітера, ознаки некомпетентності, або ознаки приховування некомпетентності від інших і від себе, легко виявити. Це так звані «ознаки останньої позиції», які, однак, створюють ілюзію професійної реалізації.

- **Класофілія**: від грецького слова «classis» (що означає «категорія» або «клас») – це непотрібна одержимість класифікацією, щоб створити (собі) ілюзію того, що вони виконують важливу роботу.

- **Табула гігантизму**: відноситься до некомпетентного працівника, який хоче мати найбільший кабінет.

- **Папіроманія**: від грецького слова «папірос» («папір») і латинського слова «манія» («божевілля», «одержимість») – ознака некомпетентного працівника, який нагромаджує на своєму робочому столі папери – звідси і видимий безлад – щоб створити враження, що він надзвичайно зайнятий.

- **Папірофобія:** від грецьких слів «papyros» («папір») і «phobos» («фобія») — ознака некомпетентного працівника, який не терпить жодного паперу на своєму робочому місці. Якщо офіс організовано, то колеги, начальство, а можливо, і сам працівник, вважатимуть, що робота виконується ефективно.

- **Фонофілія:** від грецьких слів «phone» («голос») і «philos» («друг») — ознака некомпетентності, яка полягає у звинуваченні у відсутності контакту з колегами та підлеглими, встановленні в офісі декількох телефонів та магнітофонів. Оскільки ця ідея вперше з'явилася в 1969 році, цю «ознаку», ймовірно, слід перефразувати з урахуванням сучасних технологій.

- **Rigor Cartis:** латинського походження, вказує на нав'язливий інтерес до графіків, схем і діаграм, які дають ілюзію контролю над ситуаціями.

- **Ініціальна сигломанія:** від латинських слів «sigla» (що означає «позначки» або «скорочення») і «mania» (що означає «божевілля» або «одержимість») — це ознака того, що некомпетентний працівник буде спілкуватися з непосвяченими співробітниками, використовуючи незрозумілі ініціали та абревіатури, щоб справити враження професіоналізму. Він буде ускладнювати завдання, оскільки отримує задоволення від того, яку важливість це йому надає.

- **Структурофілія:** від латинського слова «структура» («розташування», «побудова») і грецького «філос» («друг»), передбачає отримання задоволення від роботи в певній структурі, некомпетентний працівник, який виявляє ознаки цієї ознаки, буде одержимий порядком і підтриманням будівлі, в якій він працює, на шкоду отриманню задоволення від самої роботи.

- **Синдром тремтіння:** некомпетентний працівник рідко приймає рішення і дозволяє їм довго чекати, перш ніж вони будуть опрацьовані.

- **Аномальна табула:** від латинського слова «tabula» («тарілка» або "таблиця") – ознака некомпетентності, коли працівник використовує незвичну та дивну оргтехніку.

Однак Пітер уточнює свої твердження, пояснюючи, що, на щастя для функціонування наших політичних, соціальних та економічних моделей, всі посади на вершині ієрархії не обов'язково займають некомпетентні працівники. Насправді, в цьому роз'ясненні принципу він підкреслює той факт, що ієрархічна структура організації часто занадто мала для того, щоб всі компетентні люди – хоча це не дуже велика помилка, оскільки в іншому випадку вони постраждали б від ієрархічної дефоліації – змогли розкрити свій потенціал. Тим не менш, зверніть увагу на те, що компетентні керівники часто переходять на роботу до більших організацій, де вони знову можуть просуватися по службі, доки не досягнуть рівня своєї некомпетентності.

ОБМЕЖЕННЯ ТА ПРОДОВЖЕННЯ

ОБМЕЖЕННЯ ТА КРИТИКА

Обмеженість моделі очевидна вже при розгляді гіпотез, на яких вона ґрунтується.

- На даний момент організація часто не є такою простою, як структура піраміди, описана Пітером. Найчастіше працівник, який координує роботу інших, не отримує підвищення. Різні відділи перебувають у рівних умовах, принаймні в теорії. Децентралізація та розширення повноважень заохочуються, і існує тенденція до скорочення прямолінійної вертикальної ієрархії. Це явище отримало назву «вирівнювання пірамід». Можливо, це саме один із сучасних способів уникнути наслідків «принципу Пітера», який походить з часів, коли ієрархія була більш жорсткою?

- Посада більше не є замороженою. Якщо на посаду призначається некомпетентний працівник і не приступає до виконання своїх обов'язків, то, швидше за все, багато функцій будуть поступово покладені на іншу посаду.

- Питання мотивації також є проблематичним, оскільки деякі навички, які демонструє працівник, можуть походити від цього. Дійсно, працівник може бути ефективним на одному рівні ієрархії, частково завдяки мотивації. Якщо він продовжить цей ентузіазм, він, ймовірно, легше набуде нових навичок, необхідних для нової посади, що зробить його більш ефективним.

- Поточні реалії плинності кадрів вражають, оскільки, за оцінками, молода людина, яка виходить на ринок праці, ймовірно, змінює свою функцію або бізнес приблизно п'ять разів.

- Нарешті, безумовно, найбільш сумнівна гіпотеза Пітера полягає в тому, що компетентність, продемонстрована на одній посаді, за своєю суттю не залежить від компетентності, доведеної на попередній посаді. Інші дослідники, такі як італійські фізики Алессандро Плючіно, Андреа Рапісарда та соціолог Чезаре Гарофало у своїй статті «*The Peter Principle Revisited: Обчислювальне дослідження*, пропонують переглянути перспективу відомого принципу, висуваючи протилежну гіпотезу. Вони називають її "гіпотезою здорового глузду": компетентність на вищій посаді залежить від компетентності на нижчій посаді і збільшується або зменшується приблизно на 10%.

Емпіричне тестування некомпетентності, розроблене Пітером, також може бути ненадійним. Дійсно, симптоми включають так багато різних видів поведінки, що ми не можемо, як це роблять деякі, використовувати їх як передбачуваний доказ принципу Пітера. Якщо ми розглянемо номінальну цінність певних гіпотез, то врешті-решт зіткнемося з такими ситуаціями, як ця: людина, яка занадто любить організацію або занадто авторитетна, є некомпетентною, але людина, яка недостатньо організована або недостатньо авторитетна, також є некомпетентною. Якщо надмірність – це завжди погано, то більшість передбачуваних симптомів спочатку можна сприймати як якості. Крім того, чи не є це причиною того, що некомпетентний працівник приймає ці установки – але в крайньому випадку – намагається приховати свою некомпетентність. На закінчення, принцип Пітера не піддається перевірці, а сатиричний тон, який він використовує у своїй роботі, свідчить про те, що він не має реальних наукових претензій.

СПОРІДНЕНІ МОДЕЛІ ТА РОЗШИРЕННЯ

Принцип Пітера є частиною набору однотипних «законів» більш-менш гумористичного стилю, які описують корпоративний світ з певним цинізмом і наукова строгість яких не є їх найбільшою проблемою. Однак деякі з них вказують на складні реалії, з якими більшість організацій повинні ефективно справлятися.

Хвороба Паркінсона

Серед них, зокрема, є закон Паркінсона (1955 р.) британського історика Сиріла Норткота Паркінсона (1909-1993 рр.), який стверджує, що робота завжди розподіляється таким чином, щоб заповнити час, який є в розпорядженні особи, відповідальної за роботу. Розширюючи цю тезу, можна уявити, що всі наявні ресурси для проекту використовуються, будь то час, гроші, людські ресурси тощо. З цього закону випливають два наслідки:

- **Збільшення кількості підлеглих.** Якщо співробітнику не вдається завершити проект, у нього є лише два варіанти:

він може або розвантажити частину роботи, віддавши її тому, хто може стати потенційним конкурентом, або звернутися за підтримкою до своїх підлеглих. У більшості випадків обирається другий варіант, по-перше, щоб захистити свою посаду, а по-друге, щоб підвищити свою значимість. Слід зазначити, що він подбає про те, щоб у нього було кілька підлеглих, щоб розділити кожне завдання. Таким чином, оскільки жоден з них не в змозі виконати завдання в повному обсязі, ніхто не стане потенційним конкурентом.

- **Збільшення робочого навантаження.** Незалежно від того, чи працюєте ви з рівними собі, чи з підлеглими, факт залишається фактом: коли працює кілька людей, навантаження збільшується. Часто узгодження завдання займає стільки ж часу, скільки і виконання роботи. Оскільки в команді майже завжди є хтось, хто має проблеми з делегуванням повноважень і бере на себе більшу відповідальність, робота врешті-решт виправиться і буде відповідати тому, що одна людина могла б виконати наодинці. Зрештою, для виконання тієї ж роботи, яку могла б виконати лише одна людина, потрібна ціла команда, і додатковий час витрачається на координацію роботи всіх цих людей.

Принцип Дільберта

Згадаємо також принцип Дільберта, що походить від однойменного коміксу Скотта Адамса (американський карикатурист, нар. 1957 р.). Згідно з ним, некомпетентні працівники негайно просуваються по службі і стають керівниками, навіть якщо вони ніколи не виявляли особливих здібностей. Цей принцип є ще більш радикальним, ніж принцип Пітера, оскільки передбачає, що ми свідомо доручаємо управлінські функції некомпетентним працівникам, щоб вони не могли завдати жодної шкоди. При цьому, звичайно, передбачається, що менеджмент завжди марний.

Аналогічно можна навести народну приказку про те, що «хто вміє, той робить, хто не вміє, той вчить".

Хоча ми не можемо назвати їх «моделями» як такими — оскільки вони не є науковими — ці принципи демонструють певний емпіричний опір теоретичній ефективності економічних моделей. Чи повинні ми відмовитися від цих моделей — межі яких ми знаємо в реальності — і розглянути можливість надання просування по службі навмання?

ПРАКТИЧНЕ ЗАСТОСУВАННЯ

Прикладів, коли «принцип Пітера» спрацьовує, і багато, і мало одночасно. Численними вони є тому, що кожен з нас легко може уявити ситуацію, коли некомпетентний працівник отримує підвищення, розпізнавши у своїх колег або начальства ознаки, описані Пітером. А от сказати, що вони дійсно доводять некомпетентність, — це вже інша справа. Досить складно, і більшість менеджерів з управління персоналом це добре знають, виміряти ефективність роботи працівника. Так само і працівники часто будуть схильні вважати свого керівника некомпетентним, оскільки критикувати інших легше, ніж брати на себе відповідальність. Здебільшого в літературі наводяться випадки, коли стверджується про некомпетентність, але вони походять не більше, ніж з уяви прихильників принципу Пітера. У цьому сенсі реальних прикладів не існує.

ДОСЛІДЖЕННЯ КАТАНІЇ

Замість того, щоб розповідати анекдоти, Алессандро Плучіно, Андреа Рапісарда і Чезаре Гарофало у своїй статті *“Принцип Пітера переглянутий: Обчислювальне дослідження” (The Peter Principle Revisited: A Computational Study)* вважали за краще спробувати інший спосіб вирішення моделі в реальності. Вони використали комп'ютерну симуляцію еволюції структури піраміди, варіюючи гіпотези просування. Їх стаття виявила дивовижні результати, що принесли їм Іг Нобелівську премію з економіки, пародію на Нобелівську премію, якою нагороджуються найбільш незвичайні дослідження. Однак їх дослідження, тим не менш, дуже серйозне, а химерний характер результатів підсилює мислення і гумористичні гіпотези, розроблені Пітером.

Визначення фіктивної організації

Тому вони створили за допомогою комп'ютерної програми (з використанням мови програмування Netlogo, спеціально розробленої для сприятливого багатоагентного моделювання для перевірки різних аспектів теорії ігор) фіктивну організацію, що складається з шести ієрархічних рівнів (що містять 81, 41, 21, 11, 5 і 1 агентів відповідно). Кожен агент характеризується віком від 18 до 60 років та рівнем кваліфікації від 1 до 10.

На початку моделювання вік та рівень кваліфікації визначаються випадковим чином на основі статистичного розподілу, описаного вище.

👁 «НОРМАЛЬНИЙ» СТАТИСТИЧНИЙ РОЗПОДІЛ

Статистичний розподіл дає високу ймовірність результатів, близьких до середніх — довільно встановлених на графіку на рівні 0 — і все більш низьку ймовірність, коли ми намагаємося отримати результат, який віддаляється від верхньої або нижньої межі. Це вважається формою випадковості, яка найкраще описує реальність великих вибірок, і, за визначенням, ми знаходимо набагато більше середніх подій, ніж виняткових подій.

Моделювання

Після встановлення початкової ситуації моделювання може бути розпочато. У кожному раунді гри вік агентів збільшується. Кожен агент, який досягає 60 років, зникає, а прогалини заповнюються за рахунок просування агентів з нижчих рівнів. Прогалини в найнижчому рівні заповнюються шляхом додавання нових агентів, вік і навички яких визначаються випадковим чином.

Коли агент змінює рівень, його компетентність також змінюється відповідно до двох перевірених гіпотез:

- **Гіпотеза Пітера.** Новий рівень компетентності є абсолютно випадковим.

- **Гіпотеза здорового глузду.** Новий рівень компетентності демонструє максимум 10% зростання або зниження порівняно з попереднім рівнем.

В обох випадках необхідно вимірювати загальну результативність системи, яка відповідає середній результативності всіх рівнів. Зауважимо, що чим вище працівник піднімається по службових сходах, тим більше повинна зростати його індивідуальна результативність.

Природно, що перед дослідниками постало те саме питання, яке стоїть перед будь-яким керівником: кого підвищувати? Для кожної гіпотези дослідники протестували три види просування по службі:

- заохочення кращого працівника;

- просування по службі найбільш некомпетентного працівника;

- просування по службі випадково обраного працівника.

Результати

Дуже швидко показники роботи системи досягли точки рівноваги.

З точки зору гіпотези здорового глузду, тут немає нічого дивного. Хороші загальні результати досягаються тоді, коли просуваються по службі найкращі люди, а погані – коли просуваються по службі некомпетентні люди. Випадкове просування по службі не має значного впливу на загальну ефективність.

З іншого боку, якщо ми подивимося на гіпотезу Пітера, то напрошується несподіваний висновок, протилежний тому, який зробили італійські дослідники, лауреати Нобелівської премії: ми повинні просувати некомпетентних працівників по службі. Дійсно, якщо перемістити поганого працівника на вищий рівень, є велика ймовірність того, що його замінить хтось кращий за нього, а більшість агентів є середніми. На додаток до цього, результати роботи поганого працівника будуть «переграні», випадковим чином витягнуті знову, через його перепризначення, з хорошим шансом знову отримати середній результат. І якщо цей шанс призведе до поганого результату, він все одно пройде в наступний тур. Таким чином, просування по службі найбільш некомпетентних працівників є логічним висновком в гіпотезі Пітера. Тоді, як і у випадку з гіпотезою здорового глузду, випадковість залишається нейтральною. Що стосується просування найкращих працівників, то воно працює саме так, як описав Пітер: воно просуває кожного до його рівня некомпетентності, роблячи загальну продуктивність неповноцінною.

Таким чином, або Пітер правий і ми можемо лише порадити керівникам просувати найгірших працівників, або ми визнаємо, що компетентність на вищому рівні є простою варіацією компетентності на нижчих рівнях, і просування найкращих працівників залишається кращим рішенням.

ПОРАДИ

Загалом, Петро підходить до проблеми занадто статично і спрощено. Чому компетенція для певної посади повинна вважатися константою? Якщо система управління людськими ресурсами є ефективною, то після проведення регуляторних оцінок ефективності діяльності повинні проводитися співбесіди з посадовими особами та навчання персоналу з метою підвищення ефективності їх роботи.

Звичайно, це має ряд недоліків:

- По-перше, потрібні відповідні ключові показники ефективності, щоб максимально об'єктивно визначити якість роботи. У випадку з продавцем, було б достатньо, наприклад, просто виміряти кількість потенційних клієнтів, які зайшли до магазину (все більше магазинів встановлюють датчики з цією метою), суму, зібрану продавцем, та співвідношення між цими двома показниками. Однак розрахунок ефективності є більш ризикованим, коли мова йде про вимірювання якості роботи державного службовця чи офісного працівника. Сам Петро, говорячи про некомпетентність, створює враження, що вона базується більше на поширеному почутті, ніж на конкретних показниках.

- По-друге, ефективна система управління людськими ресурсами та навчання є складнішими у впровадженні та дорожчими, ніж просте вимірювання ефективності роботи працівників та безпосереднє просування по службі потрібного працівника на основі минулого досвіду.

Незалежно від того, чи вірна гіпотеза Пітера чи ні, менеджери можуть розглядати ієрархію двома протилежними способами:

- якщо кожна функція та пов'язані з нею навички чітко визначені, набагато простіше впроваджувати ключові показники ефективності та оцінювати результати діяльності;

- якщо, навпаки, свідомо залишити деяку невизначеність щодо завдань, які повинен виконувати кожен працівник, то набагато легше звільнити працівника від частини завдань, для виконання яких він не є компетентним, але це має значний вплив на ефективність.

Більше того, можна зробити працівників більш мобільними, усунувши ефект храповика. Пониження в посаді є більш поширеним явищем, ніж здається Пітеру.

Коли гіпотеза Пітера не спрацьовує

Якщо гіпотеза Пітера не підтверджується, то система здорового глузду, яка передбачає просування по службі найкращих працівників, зазвичай встановлюється організаціями, якщо вона є повністю ефективною. Вона має подвійну перевагу: мотивує працівників працювати краще в надії отримати підвищення, заощаджуючи кошти організації на навчання, оскільки вони самі докладатимуть усіх зусиль, щоб досягти рівня кваліфікації, необхідного для отримання вищої посади.

Коли справджується гіпотеза Пітера

З іншого боку, набагато проблематичніше, якщо гіпотеза Пітера підтвердиться. Якщо і підвищувати на посаді найбільш некомпетентних працівників, то робити це слід непомітно через ризик демотивації працівників. Також необхідно зосередитися на матеріальному стимулюванні та утриматися від використання системи просування по службі в якості винагороди.

Такий спосіб розгляду та надання просування по службі має свої обмеження, оскільки він призводить до значних витрат для організації та не дозволяє знайти особу, яка найкраще відповідає посаді.

Нарешті, якщо гіпотеза Пітера відповідає дійсності організацій і ефект храповика є настільки фіксованим, як він вважає, єдиним реальним рішенням є підтримка працівників якомога ефективніше шляхом вимірювання необхідних навичок, їх мотивації та навчання. Це коштує організації набагато дорожче, ніж якби єдина конкуренція між працівниками робила їх компетентними на всіх рівнях ієрархії.

РЕЗЮМЕ

- Принцип, розроблений Лоренсом Дж. Пітером і Реймондом Халлом, з'являється в сатиричному творі під назвою «*Принцип Пітера*» 1969 року, в той час, коли підприємства, зіткнувшись зі стабільним і економічно обґрунтованим середовищем, націлювалися на зростання і розвиток своєї структури і, отже, неминуче керували просуванням по службі.

- Принцип ґрунтується на наступній гіпотезі: всі організації просувають компетентних працівників по службі до тих пір, поки вони не досягнуть посади, на якій вони не можуть працювати компетентно і з якої їх не можна звільнити; таким чином, організація рухається до широкомасштабної некомпетентності.

- Внесок в основному лежить на керівниках, які повинні знати, як управляти рухом свого персоналу для того, щоб поліпшити загальну ефективність своєї організації. З цією метою вони повинні забезпечити розвиток навичок і колективного інтелекту, оскільки ніхто не є досконалим, але команда може бути досконалою.

- Гіпотези моделі викликають суперечки, особливо гіпотеза, яка стверджує, що навички, необхідні для нової посади, не залежать від навичок, отриманих на попередній посаді.

- Інші закони, включаючи Закон Паркінсона про природну тенденцію організацій з часом ставати неефективними, схиляються в тому ж напрямку, що і Принцип Пітера.

- Порада:

    - якщо гіпотеза Пітера не спрацьовує, покладатися на здоровий глузд і просувати кращих працівників;

    - якщо гіпотеза Пітера справджується:

        - просування по службі найгірших працівників без розголосу;

        - надавати фінансові стимули, не змінюючи при цьому ролі працівника;

        - спостерігати за кожним працівником окремо та здійснювати переміщення в межах одного ієрархічного рівня.

ЧИТАТИ ДАЛІ

БІБЛІОГРАФІЯ

Blary, J-L. (1999) Le principe de Peter. *Lettre d'ADELI*. Том 36.

Delahaye, J-P. (2011) Le principe de Peter. *Pour la science*. Том 407, с. 82-87.

Peter, L. J. и Hull, R. (2011) *Le Principe de Peter ou pourquoi tout va toujours mal*. [2-е видання]. Paris: Librairie Générale Française.

Плучино, А., Рапісарда, А. та Гарофало, К. (2010) «Принцип Пітера» переглянуто: Обчислювальне дослідження. *Фізика А: Статистична механіка та її застосування*. 3(389), с. 467-472. [Онлайн]. [Доступно 18 липня 2014 року]. Доступно з: <http://arxiv.org/pdf/0907.0455v3.pdf>.

ДОДАТКОВІ ДЖЕРЕЛА

Сайт «*Ділберт*» Скотта Адамса: http://www.dilbert.com/

Ми хочемо почути вас!
Залишайте коментарі в онлайн-бібліотеці
та діліться улюбленими книгами в соціальних мережах!

IMPROVE YOUR GENERAL KNOWLEDGE

IN THE BLINK OF AN EYE!

Видавець забезпечує достовірність опублікованої інформації,
за яку, однак, не несе відповідальності.

Майстер ISBN: 9782808601078
Паперовий ISBN: 9782808602525
Юридичний депозит: D/2022/12603/253

Цифровий дизайн: Primento,
цифровий партнер видавництва.